les étoiles

Julien Rousset

Édition : BoD · Books on Demand, 31 avenue Saint-Rémy, 57600 Forbach, bod@bod.fr
Impression : Libri Plureos GmbH, Friedensallee 273, 22763 Hamburg (Allemagne)

ISBN : 978-2-8106-2978-7
Dépôt légal : Mars 2025

préface

Sont relatés ici quelques 3 ans d'un cœur empoigné par la passion, la perte, la mélancolie et le chagrin.

Si l'on a sûrement vu mieux du côté de l'originalité, je n'avais au départ aucune intention de partager ces écrits qui lui étaient destinés, à elle, mais plutôt à extraire des larmes et des supplices de l'esprit quelques-uns des prismes de la beauté envolée.

Des mois et des mois à m'infliger cette torture, dans l'espoir qu'elle ne parte jamais vraiment. Des années à me complaire en elle, ou plutôt dans son souvenir, car elle vivait constamment dans mes songes, et à refuser le présent chaque jour qui a passé depuis que nous nous sommes perdus.

Je saigne donc j'écris. Longtemps j'ai hésité à lui envoyer ces mots et beaucoup d'autres encore, sans jamais y arriver. Durant tout ce temps, je me suis demandé quoi faire de mon incapacité à accepter que la beauté disparaît lorsque l'on est séparé.

De la brutalité de l'abandon est née la volonté d'en laisser une trace, comme pour prouver au monde que l'éphémère a existé, que même les choses que l'on ne peut plus partager ont existé.

J'aspire à en être un jour convaincu à mon tour.

amour dévorant ou l'éréthisme romantique

toi le plus incandescent de mes sentiments
le typhon de mes désirs et la maîtresse de mes tour
de ton emprise je ne saurai me libérer
si bien qu'il en est meilleur maintenant
de souffrir par toi qu'aux limbes abandonner
pas même une goutte de cet idylle flamboyant

sournoise engeance que le manque
empreinte profonde et indissociable de ce qui fut
autrefois envoûtante mais que le temps a maudit
ô rage ! quel désespoir en moi s'est établi
dans l'effort de survivre à nos ombres éperdues

tempête, tempête
que m'as-tu pris que je n'ai jamais possédé
d'une île vagabonde, tu as dévasté les côtes
et de ma vie tu as assourdi les notes

tempête, tempête
que m'as-tu pris que je ne pourrai oublier
pour toujours je suis et je resterai
épris dans l'étreinte de tes brises azurées

sous l'une de ces rares lunes d'hiver qui
à travers les épais nuages révèle mes fêlures
je te dédie ces quelques mots qui
sans effort ni barrage transpercent mon armure

comment vivre dans un tel chaos ?
celui d'un monde dépouillé de sa saveur
je n'entends plus la tête sous l'eau
que les craquements lointains de ton cœur

parce que je suis soûl
j'ai envie de te clamer l'incendie qui brûle en moi
malgré les interdits de la morale et de la piété
cette passion dévorante qui m'anime pas sur pas
la tourmente de nos corps enflammés m'asservit
et je cède au supplice qui est de m'y attacher
[...]
il ne reste plus rien
rien que la cire fondue d'une bougie consumée
une nuée de cendres
l'apocalypse de mon cœur
l'absolue fin de mon désir
l'horizon de mon malheur

toi l'étincelle qui parcourt mes courants
image impétueuse de mes délires
il ne t'a pas fallu plus d'un instant
pour embraser chacun de mes souvenirs

présence hypnotique aux infinies sonorités
dans la jungle de ma vie tu as fait irruption
détentrice de mes chaînes adorées
de mon passé tu as causé l'éruption

des pressantes vibrations de mon cœur
je n'ai, Mademoiselle, de cesse de m'appesantir
elles raisonnent en moi et sèment la terreur
car lui n'a jamais cessé de t'appartenir

[1/ 4] il n'y a rien que je ne voudrais t'offrir, mais il n'y a rien non plus que je ne voudrais faire pour te rendre malheureuse. si les deux ne pouvaient être dissociés, je te laisserai m'oublier, non pas moi bien sûr, mais tout ce pour quoi tu m'aimais.

en un soir nous nous sommes plus connus que des gens en des années, en un instant j'ai vécu un bonheur qui m'a laissé malheureux depuis que je l'ai perdu, et en cet instant inconsciemment, je l'ai su.

temps électrique

d'aucuns disent comprendre
certains pensent même savoir
mais n'est-ce pas là impossible ?
une étincelle semblable à un mirage
quelque coup de tonnerre langoureux
un flash de plus dans leur paysage
puisqu'évidemment ce ne sont pas eux
les naufragés de ce déferlant orage

où trouverai-je plus bouleversant
que le tourbillon ne pouvant retenir
ces instants aussi rares que grisants
où corps et cœur m'accordaient de t'appartenir

the first time I laid my eyes on you
you put your hands in mine
and made everything in my sight blur
the first time our lips met
I ran my fingers over your body
and discovered peace along your lines
the first time we fell asleep together
it was like we had known each other for years
and reality stopped making sense
so, in the space of just a few moments
lost in the immensity of time
I was yours for eternity

il est minuit et mes pulsations s'emballent
quand tu me regardes et que ta gorge se noue
dans la douceur de cette danse nuptiale
comme ton prisonnier je deviens fou

du magnétisme de croiser ton regard
je me perds dans l'intensité déconcertante de ces yeux
qui sans efforts me conduisent à la folie
envoûtement irrépressible à bien des égards
je m'abandonne doucement à tes cimes et tes cieux
et j'y sombre plus encore chaque nuit

orage prévu ce soir dans le sud de la France
sous une pluie torrentielle nous nous perdons toi et moi
mais le déluge n'est pas responsable de cette transe
du torrent qui s'abat désormais en ces bois

une attraction à rendre jalouses toutes les étoiles du ciel
je t'attire je t'adore je te veux
retends-moi la main je la saisis de plus belle
que la frénésie nous emporte tant que l'on est à deux

frappe-moi en plein cœur et sans remords
je t'offre ma vie sur une pique
prends chaque lambeau de mon corps
qu'il ne reste rien d'autre que nous dans ce diptyque

je me souviens de ce jour
ce jour où nous perdîmes la tête et plus si affinité
de l'attirance irrésistible et de la peau de velours
ce jour où j'ai trouvé un monde et son ciel étoilé

deux a(i)mants sans secours
sur le fil du temps condamnés à dériver
mais qui se rappelleront toujours
de la seconde où tout a commencé

[2/ 4] non il n'y a rien ici, ou plutôt il n'y a plus rien. depuis ce jour je te cherche partout et tout le temps, mon corps s'obstine et quand bien même la raison l'emporte parfois, ce n'est l'histoire que de quelques minutes avant la rechute vers toi. et puis pourquoi la raison aurait-elle raison après tout ? ne suis-je pas assez grand pour savoir qui écouter ? probablement pas.

ton prénom m'est difficile à prononcer, ton empreinte m'est impossible à effacer. si la vie était juste, me dis-je, nous aurions le droit de jouir l'un de l'autre maintenant, nous aurions eu le droit avant et cela continuerait pour autant que tu m'aimes. oui que tu m'aimes et non nous, car si le temps m'a appris une chose, en passant tel qu'il le fait si violemment, c'est qu'arrêter de t'aimer serait comme me retirer le poignard de la plaie.

voir ton visage, me reposer sur les quelques messages échangés pendant tous ces mois, car la douleur était trop forte pour se tenir à l'écart. se rappeler les paroles, les sensations et les souhaits : se tenir à l'écart oui, mais jusqu'à quand ?

ma drogue, celle qui m'a parcouru autrefois, jamais je ne pourrai la retrouver chez une autre, j'ai l'impression que jamais je ne pourrai même m'accorder de la rechercher. si seulement c'était tout, une vague, un frisson, mais il n'en est rien.

tu as probablement une vie plus établie que la mienne,
et cela ne m'étonnerait pas que quelqu'un la partage,
après tout j'ai fait de même. seulement voilà, la façade
est parfois difficile à tenir, et j'ai l'impression de jouer
un rôle, d'être vide, animé d'aucune force ni énergie. je
déteste chaque autre homme sur terre ayant posé ses
mains sur toi. sans aucun droit, je déteste chacun
d'entre eux.

aujourd'hui il n'y a rien. rien dans ce bout d'éternité que
représente nos vies, j'aime à croire qu'il t'appartient
pour toujours. cependant quel curieux sentiment que
celui de ne pouvoir être avec celle qui fait bouillir mon
sang.

vents glacés et doubles tranchants

c'est l'automne dehors
les feuilles mortes volent et tourbillonnent
dans ce parc où nous marchions parfois
sur ces chemins où s'agitent trublions et trublionnes
et le banc sur lequel je pleurais contre toi
les perles salées d'un océan de peine

c'est l'automne dehors
l'air est frais et tardives se font les aurores
mais depuis que tu as quitté mes bras
c'est l'automne à l'intérieur
pour toute cette année encore

because we won't ever learn
and only remember how they made us feel
despite the oblivion of their voices, their faults and
outbursts
this fragmented image, frozen in time
remains the picture of these imprisoned treasures

from this flawed memory, the lack deepens in a quiet
clatter
and in the sorrow of what once was
lingers the biting caress of our abandoned fervor

grief is all the unexpressed love
"what a convenient thought!" one could be saying
how come we can't ever show up at the right time
and in the end be allowed this sweet silver lining

but what if grief happened indeed to be all this
combined in the most painful yet beautiful feeling
oh, dear I don't think you will ever know
how much of you I've been loving

aujourd'hui il neige et la vie est différente d'hier
pourtant dans ces jours qui n'ont que peu en commun
quelques flocons me replongent parfois dans tes mains

voudras-tu, un jour pluvieux
quand le vent balayera toutes les pages
incarner tout ce que nous espérions

le voudras-tu, oui, plus vieux
quand le soleil s'immiscera parmi les nuages
et que s'envoleront les illusions

au matin lorsque les rideaux tombent de sommeil
et qu'ils peinent lentement à étouffer la lumière
mes paupières s'ouvrent aux mêmes songes qu'hier
face aux toits de la ville et leurs corneilles

j'ai encore rêvé de toi cette nuit
et parmi ces bribes qui me restent au réveil
je sais que toi tu étais là, et que j'étais ici
ensembles sous les rayons de ce sous-bois vermeil

alors je pourrais décrire cette fille que j'ai tant idéalisé
que rien en ce monde ne trouble plus mon sommeil
que lorsqu'elle parcourt mes sursauts et leurs sommets
mais je n'en ferai rien, car si demain je veille
d'autres milliers de choses il me faudra ajouter

[3/ 4] je me complais dans l'idée que la foudre qui est tombée à ce moment précis, à travers le temps et l'espace sur cette terre, cristallise le fait que nous serons liés à jamais. et si ce ne devait être que par elle, j'en accepterai toutes les souffrances.

n'est-ce pas là la plus belle chose au monde que d'avoir engendré ces sentiments chez quelqu'un ? si l'éphémérité est un problème pour ma tête, je n'échangerais cependant pas une seconde de ton manque pour une vie parfaite.

c'est si beau d'avoir ressenti ces choses que je sais uniques, elles sont arrivées sur le fil infini du temps, entre nous, deux inconnus aux yeux de l'univers. à nous et rien qu'à nous.

avant mon passé me retenait d'être heureux, désormais ton absence a pris le relais, et quel désespoir de voir ce ruban défiler. ces temps-ci je sombre, ma vie intérieure se meurt à mesure que la vie réelle prend le pas, ou du moins essaie de le prendre.

si tout prend des proportions énormes dans ma vie, c'est bien ce drame qui a englouti les autres, si bien que peu importe ce qui arrive dorénavant, j'ai l'impression d'y être infiniment moins sensible, comme détaché.

toi qui lis ces mots-ci, sois témoin. l'amour est une chose, mais ici il n'est pas question de cela, ici quelque chose de bien plus grand s'est joué, et si le monde est injuste lui, les mots restent à même de le faire parler.

toi qui lis ces mots-là, fais-en ce que tu veux. garde-les ou mets-les au feu, rien ne les empêchera d'avoir existé.

perdus dans l'autre univers

[4/ 4] j'ai tellement souffert ****. ce chaos que tu m'inspirais, j'essaie encore de le comprendre aujourd'hui. j'ai tellement souffert, j'ai tellement gâché, car rien ne pousse plus en moi depuis que tu es partie. depuis que je suis parti, depuis que nous sommes partis.

il n'y a pas eu un jour sans, paradoxalement pas un jour avec. il y a de ces jours où je ne peux même plus me figurer ton visage, je m'accroche à des bribes, je m'agrippe aux morceaux cassés de ma vie. je m'accroche à tout ce que je me suis laissé, des fragments de cœur. j'alterne entre toi et le vide, 86400 fois par jour. il n'y a de place pour rien d'autre.

je n'ai jamais trouvé ni le moyen ni l'occasion de panser assez la plaie ne serait-ce que pour te parler, j'ai encore du mal à prononcer ton prénom, j'ai du mal à mettre des mots sur ton souvenir. je sais juste que je préfère l'enfer à l'oubli. j'ai l'impression de t'avoir donné une masse et de t'avoir crié de me briser.

ce livre t'est dédié, ces mots sont pour toi. ils sont tout ce que j'ai ressenti de plus fort pour quelqu'un en 24 ans de vie. ils condensent l'attirance, l'amour et l'absence à la fois. ils acceptent la peur, la souffrance et la faiblesse. ils sont mon tourment permanent, et ce depuis 3 ans. ils t'appartiennent maintenant et jusqu'à ce que l'univers soit réduit à néant.

ces idées sont peut-être bien vides de sens, elles ne sont même que des bribes de tout ce qui m'est passé par le cœur, mais pour moi elles sont tout. plus de mille pages pourraient se trouver ici, mais lorsque cela était trop dur, je pense qu'il m'était impossible de décrire, ni même d'écrire.

je te souhaite d'être heureuse et amoureuse, de te
laisser vivre, d'admirer quelqu'un, de lui faire plaisir et
le laisser te faire plaisir, d'être sains. je te souhaite tout
ça, tout en même temps, même si cela me tue.
aujourd'hui j'essaie, je commence à essayer, cela
marque une différence majeure avec ces dernières
années. j'essaie de tourner cette page, j'essaie
d'accepter la douleur, plutôt que de vivre entre l'espoir
et elle. et si je te revois un jour, ça ne sera ni par hasard,
ni dans l'éclat d'un souvenir.

sur ces mots je te laisse, mais jamais ne te quitte. et par-
delà les douleurs, j'entrevois pour toujours, la croisade
écarlate que constituait notre amour.

je t'aime, adieu.

je t'aime, mais cela passera.